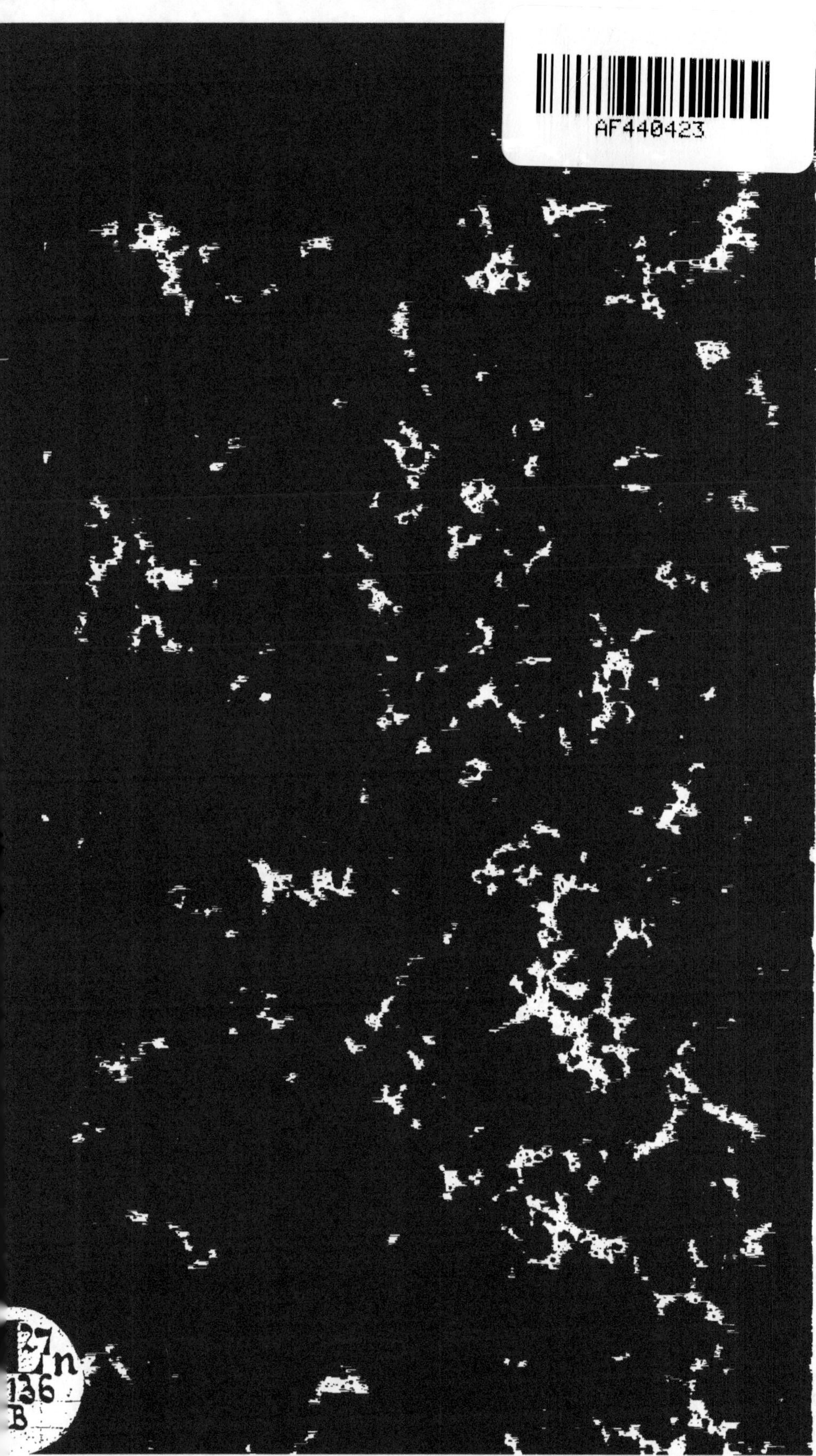
AF440423

ÉLOGE

DE

VAUVENARGUES

DISCOURS

QUI A REMPORTÉ LE PRIX D'ÉLOQUENCE

DÉCERNÉ PAR L'ACADÉMIE FRANÇAISE

DANS SA SÉANCE PUBLIQUE ANNUELLE

DU 28 AOÛT 1856.

PAR

D.-L. GILBERT

PARIS

FURNE ET Cie, ÉDITEURS

RUE SAINT-ANDRÉ-DES-ARTS, 45

1857

ELOGE

DE VAUVENARGUES

Les maximes des hommes décèlent leur cœur.
VAUVENARGUES, *Maxime* 107°.

S'il est une classe d'écrivains dont nous aimions à connaître la
vie et le caractère, c'est celle des écrivains moralistes. Le droit
qu'ils prennent de nous juger nous donne le désir de les juger à
leur tour, et de voir s'ils ont été aussi exigeants pour eux-mêmes
qu'ils le sont pour nous d'ordinaire. Quand ils viennent nous
dire ce que nous devons être, nous voulons savoir ce qu'ils ont
été, et il est rare que cette curiosité, après tout légitime, ne soit
pas satisfaite. En effet, si désintéressé qu'il paraisse de son travail, le moraliste y met de lui toujours plus qu'il ne sait ou qu'il
ne veut y mettre, et, alors même qu'il prétend n'étudier que les
autres, par les choses qu'il approuve ou qu'il reprend en eux, par
les règles de conduite qu'il propose ou qu'il condamne, il nous
permet de soupçonner au moins son caractère dans son œuvre,
et de surprendre l'homme sous l'écrivain. Cependant, certaines
conditions de réserve et de prudence sont, dans ce cas, néces-
saires ; car tel moraliste vaut mieux, et tel vaut moins que son
livre ; tel autre semble craindre de se produire, et demeure
dans l'ombre de son tableau : Pascal, avant que de savantes et

pieuses recherches l'eussent éclairé pour nous d'un jour nouveau,
ne laissait voir, même au regard le plus clairvoyant, que quelques traits de sa grande figure, et la discrétion de La Bruyère est telle qu'il a gardé l'*incognito*, si l'on peut dire; sa biographie n'existe pas; les plus patientes études n'ont pu jusqu'à présent la découvrir dans son œuvre, et il faut renoncer peut-être à pénétrer dans l'intimité d'un des grands écrivains de notre langue, que tous voudraient connaître comme tous le lisent, et qui, selon toute apparence, ne saurait rien perdre à être connu. Seul peut-être parmi les moralistes, Montaigne s'est proposé de se peindre; seul, du moins, il avoue ce propos, et il s'est en effet raconté avec cette complaisance de *bonne foi* qui fait le charme immortel de son livre. Toutefois, il est, à mon sens, un moraliste qui, sans le déclarer comme Montaigne, se traduit au moins aussi fidèlement dans son œuvre, et ce moraliste, c'est Vauvenargues. Le dirai-je même? Si la sincérité de Montaigne n'est pas douteuse, celle de Vauvenargues est moins douteuse encore. Peut-être est-il permis de penser que, préoccupé du regard qu'il sollicite, Montaigne a pu, sans le vouloir, arranger un peu son personnage, et composer son maintien; Vauvenargues, au contraire, ne donne à craindre ni apprêt, ni surprise. Ennemi du *moi*, comme Pascal, dédaigneux de la vanité, parce que c'est une passion petite et qu'il n'a de goût que pour les grandes, il est d'ailleurs trop jeune, et, sinon trop ignoré de lui-même, du moins trop peu satisfait encore, pour se mettre en scène. Aussi n'est-ce pas lui qui s'annonce; c'est son âme qui le dénonce; c'est son âme qui lui échappe et fait irruption dans son livre, pour l'éclairer de soudaines lueurs; âme discrète, mais ouverte, qui ne s'impose pas au regard, parce qu'elle est simple, mais qui ne le fuit pas, parce qu'elle n'a rien à en redouter. Sur ce point, on mettrait volontiers, entre Montaigne et Vauvenargues, la différence que Vauvenargues met lui-même entre les héros de Corneille et ceux de Racine, et l'on dirait que, si *l'un parle afin de se faire connaître, l'autre se fait connaître parce qu'il parle.*

Oui, Vauvenargues n'a qu'à parler pour se faire connaître,

parce que ses écrits ne sont, à les bien prendre, que des confidences involontaires; et, cependant, Vauvenargues n'est pas généralement connu. Dans l'esprit du plus grand nombre, c'est un sage jeune et doux, à qui la sagesse ne coûta guère d'efforts, et qui, peu fait pour la vie extérieure, se borne à en contempler de loin les agitations. J'ose dire que lui donner si peu, c'est lui faire tort; car Vauvenargues n'est pas seulement un sage; c'est aussi, c'est surtout, un homme d'action ; l'homme d'action précède en lui l'écrivain, et l'inspire toujours. Il a voulu conduire les hommes avant de les instruire, et il ne se résout à suivre de loin le spectacle de la vie humaine, que quand la maladie et la mort prochaine l'empêchent d'y prendre un rôle. Aussi, montrer l'homme à l'œuvre, avant de montrer l'écrivain qui en procède ; exposer dans une biographie toute morale les agitations de cette âme fortement éprise de la vie du dehors; faire ressortir le trait le plus remarquable et le moins remarqué peut-être dans Vauvenargues, la persévérance dans l'ambition, ambition aussi généreuse qu'ardente, je me hâte de le dire ; montrer en lui l'athlète vaillant au combat de la vie, qui lutte et grandit jusqu'au bout de ses forces, et quitte l'arène, blessé à mort, mais invaincu, et emportant avec lui tout son courage, et tout son respect pour cette vie terrestre qui lui échappe; puis, chercher, retrouver l'homme dans ses écrits; enfin , confirmer, en la lui appliquant, l'épigraphe que je lui emprunte : « *Les maximes des hommes décèlent leur cœur,* » tel est le plan que je me propose de suivre. Quand l'homme sera connu, l'éloge de l'écrivain sera déjà presque achevé. En effet, par une rencontre qui est à la fois le bonheur de ce sujet et la gloire de Vauvenargues, l'homme et l'écrivain sont chez lui tellement joints et en si parfait accord, que, montrer l'un, c'est déjà louer l'autre.

Dans l'histoire des hommes célèbres, rien n'attire plus que leurs commencements. On aime à voir poindre ces lumières encore mêlées d'ombre, et à surprendre sur les fronts prédestinés *ce premier rayon, qui n'est pas encore la gloire,* mais qui en est la promesse et le gage. La vie de Vauvenargues ne donne pas ce plaisir, et la médiocrité même de sa fortune nous dérobe son enfance. Né à Aix, le 6 août 1715, d'un gentilhomme d'assez bonne souche, mais pauvre et sans grandes alliances, Luc de Clapiers, fils aîné du marquis de Vauvenargues, fut obscurément élevé dans un modeste manoir que l'on voit encore aux environs d'Aix; à peine savons-nous qu'on le mit au collége de la ville prochaine, que la faiblesse naturelle de sa santé l'empêcha d'y faire des études suivies, et qu'il ne fut jamais en état de lire une page de latin, moins encore de grec. C'est à vingt-quatre ans qu'il se révèle : il a embrassé la seule carrière qui, avec celle de l'Église, fût alors ouverte aux jeunes gentilshommes, la carrière des armes; il a six années de service dans le régiment du Roi; il s'est fait remarquer dans la campagne d'Italie, il est capitaine, et il porte un surnom : ses camarades l'appellent le *Père*. Décerné par une armée entière à Turenne ou à Catinat, un pareil titre n'a rien d'étrange, et s'explique de soi; mais, quand il s'agit d'un homme aussi jeune, et perdu dans les rangs inférieurs d'une armée, ce nom provoque plutôt, d'abord, le sourire que l'admiration, et nous fait craindre dans celui qui le porte un de ces sages prématurés, qui ne sont jamais jeunes, ou qui cessent trop tôt de l'être. Heureusement, lorsqu'on regarde de près au caractère et à la vie de Vauvenargues, on éprouve une surprise charmante à se convaincre que jamais nom ne fut donné plus sérieusement, ni plus sérieusement justifié. Quelques exemples, tirés des passions de cet âge, en donneront la preuve.

Commencerons-nous par ce qui est le commencement et la fin de tout pour la jeunesse, par l'amour? Déjà le *père* est à côté du compagnon de plaisir. Ce n'est pas qu'il soit moins entraîné que ses amis; ces amours prompts et faciles qui séduisent les jeunes gens jusqu'à ce qu'ils s'en repentent, non-seulement il les a connus, mais il les a chantés; il vient de mettre la dernière main peut-être à ces poésies licencieuses dont il s'accusera bientôt, auprès de Voltaire, avec une confusion qui dut embarrasser un peu, j'imagine, l'auteur secret encore de *la Pucelle*. Mais, déjà sérieux même dans les choses légères, s'il cède au plaisir

comme les jeunes officiers qui l'entourent, il y met, du moins,
de nobles conditions : en vrai gentilhomme, il veut, même dans
les attachements illégitimes, le respect de la parole une fois
donnée, le respect de la femme, quelle qu'elle soit; il n'admet
pas, il le dit lui-même, que sur ce point *on sépare son estime
de son goût* [1]. Parlerons-nous d'un autre penchant de la jeunesse,
de la libéralité? Comme ses compagnons, Vauvenargues est libé-
ral, prodigue même de sa bourse [2], mais il l'est autrement qu'eux :
ce n'est pas cette prodigalité de tempérament, qui abandonne
plutôt qu'elle ne donne, qui tient autant à l'imprévoyance de
l'avenir qu'à l'effusion d'un bon cœur; ce n'est pas cette prodigalité d'ostentation, qui pousse à faire montre d'un état qu'on
ne peut longtemps soutenir, faiblesse commune aux jeunes gentilshommes d'alors, qui avaient encore tout l'orgueil de la situation qu'ils n'avaient plus; chez Vauvenargues, c'est une libéralité
raisonnée dans son élan, et qui s'autorise de cette remarque, sin-
gulièrement profonde pour un jeune homme, que la mesquine
économie ne fait que de misérables fortunes, et ne crée point
d'empire sur les cœurs [3]; il donne avec la réflexion de l'homme
mûr, on dirait presque avec le calcul du politique. Parlerons-
nous enfin de la guerre? Ainsi que ses compagnons, Vauvenargues l'aime; mais comment l'aime-t-il? Est-ce cette ardeur toute
juvénile qui s'éprend de toute émotion forte, et, dans ces grandes
mêlées humaines, s'enivre du bruit qu'elles font, des épées qui
se brisent, du tambour qui bat, et du canon qui tonne? Est-ce
ce courage, trop intéressé pour qu'on l'admire, qui poursuit à

---

[1] L'amour, tel que Vauvenargues le conçoit, élève le cœur qu'il touche; il
en fait sortir toutes les vertus, il en apaise tous les vices. Dans le *Caractère*
intitulé : *Aceste ou l'Amour ingénu*, il fait de cet amour une peinture singu-
lièrement touchante, et il n'est pas inutile de faire observer que c'est presque
au temps de la Régence qu'il écrivait ces lignes pleines de grâce et de cœur.
— Voir aussi le chapitre *de l'Amour*, dans l'*Introduction à la Connaissance de
l'esprit humain.*

[2] Mirabeau nous apprend que *c'était la mode alors* de se ruiner à l'armée.
— Voir les *Mémoires de Mirabeau*, tome Ier, page 135.

[3] « La libéralité, dit Vauvenargues, est une occasion de se faire aimer,
« d'acquérir une considération utile et légitime... Même, si notre fortune est
« médiocre, apprenons à subordonner les petits intérêts aux grands, même
« éloignés,... et faisons, généreusement et sans compter, tout le bien qui tente
« nos cœurs. » (*Réflexions sur divers sujets. — Conseils à un Jeune homme.*)

travers tout obstacle l'avancement possible, qui aime la guerre
pour ce qu'elle rapporte, et place l'héroïsme à intérêts? Non; ce
que Vauvenargues regarde dans la guerre, c'est moins *la mort
qu'on y donne, que la mort qu'on y reçoit, ou qu'on y brave;* c'est
moins le profit qu'on en tire, que l'emploi des qualités fortes
qu'elle exige, la fermeté, la patience, *les nuits passées au bord
des fleuves glacés,* les longues marches avec la faim et la soif pour
compagnes, tout ce qui trempe l'âme enfin, tout ce qui l'élève.

Par ces vues à lui sur toutes choses, Vauvenargues est en avant
de ses compagnons; mais ce qui le distingue encore, c'est que,
vivant comme eux par l'action, il vit de plus par la pensée. Il
vient de les quitter, il rentre sous sa tente, et, cette nuit qu'ils
achèvent dans le plaisir ou dans le repos, Vauvenargues l'emploie
aux plus nobles occupations de l'esprit. Il écrit un Traité en forme
sur le *Libre-arbitre;* il regarde en lui et autour de lui, prend
note à mesure, et déjà son observation s'affine, et le moraliste
se prépare. Cependant, malgré cette vie à part, il ne prend aucun air de hauteur ou de supériorité; il reste le compagnon, l'ami
prêt à tous, et donne le premier l'exemple de cette généreuse
expansion du cœur, dont il fera plus tard un des points de sa morale, sous le nom de *familiarité.* Mais l'amitié, telle qu'il la veut,
n'est pas cette stérile camaraderie qui n'est souvent qu'une com-
plicité de plaisir; c'est cette affection plus mâle aussi bien que
plus tendre, où le dernier mot du cœur se dit, mais en même
temps où les esprits s'élèvent l'un par l'autre; c'est l'amitié à la
Pélopidas, c'est l'émulation à deux vers le bien ou vers le grand.
Ainsi, la maturité de l'esprit s'ajoutait en lui à la jeunesse du
cœur, et c'est, sans doute, à cet heureux mélange qu'il faut attri-
buer la singulière action que sa parole exerça toujours, même sur
des hommes rompus à toutes les séductions du langage, même
sur Marmontel, même sur Voltaire. En effet, il aimait à parler,
et il était éloquent : Marmontel assure que les écrits de Vauvenargues ne donnent qu'une faible idée de l'éloquence de ses entretiens : « *Il tenait,* dit-il, *nos âmes dans ses mains.* » Qu'on se
représente, sur ses compagnons, l'effet de cette parole, et l'on
s'expliquera un des penchants de Vauvenargues, le penchant à

discourir, je le dis sans blâme, qui se trahit non-seulement dans le ton parfois un peu monté, mais dans le titre même de bon nombre de ses ouvrages[1]. Qu'on se représente, enfin, ce qu'avait à la fois de remarquable et d'attachant, dans un homme aussi jeune, la réunion des qualités fortes et des qualités tendres, s'excitant ou se tempérant les unes par les autres, et l'on conçoit le respect qu'il impose, et l'autorité qu'il exerce sur ses compagnons; il part du même point qu'eux : c'est pour cela qu'ils l'aiment; mais il va plus haut et plus loin : c'est pour cela qu'ils l'admirent.

Les hautes espérances dont il était l'objet, il n'est pas douteux que Vauvenargues ne les partageât; il sentait en lui cette invitation secrète qui attire à la gloire ceux qui sont faits pour elle. L'ambition, cette *passion ardente qui exile les plaisirs dès la jeunesse*, anime déjà toutes ses actions, comme elle animera bientôt tous ses écrits. Il n'y a pas pour lui de visée trop haute; il n'a qu'une crainte, c'est de *raser trop timidement la terre*. « Êtes-« vous né pour la gloire, s'écrie-t-il sans cesse, il faut laisser « parler le monde, et suivre hardiment votre essor... S'il arrive « après cela que la fortune soit contraire, elle ne peut empêcher « du moins que les grandes occupations n'élèvent et ne soutien-« nent l'âme;... une âme un peu haute aime à lutter contre le « mauvais destin,... et le combat lui plaît sans la victoire. » En effet, l'ambition de Vauvenargues sera plus obstinée que le mauvais destin; toujours déçue, mais jamais lasse, elle poursuivra successivement son but dans trois carrières différentes; puis, quand la mort sera là, n'ayant pu agir, il dira du moins ce qu'il a pensé; il se soulèvera sur son lit de douleur, pour recueillir à la hâte ses méditations éparses, et les jeter au hasard de la postérité, comme le naufragé jette au hasard des flots les quelques lignes qu'ils porteront au rivage. Le respect de Vauvenargues pour la gloire va de pair avec son ambition : tout ce qui est grand, dans la guerre, dans la politique, dans les lettres, le saisit tout

---

[1] *Discours sur la Gloire*, *Discours sur les Plaisirs*, *Conseils à un Jeune homme*, etc. Le tempérament oratoire de Vauvenargues, si l'on peut s'exprimer ainsi, est, au moins, aussi marqué dans sa *Correspondance*.

d'abord, et il a d'égales admirations pour Alexandre, pour Riche-
lieu et pour Voltaire. Il va plus loin, et tel est son goût pour le
mouvement et l'action, que Catilina même ne le rebute pas ; Vauvenargues ne peut se défendre d'une certaine indulgence pour ce
génie sans vertu, mais non pas sans courage.

C'est dans la carrière des armes qu'il renferme d'abord ses
espérances : « *Il n'y a pas de gloire achevée*, dit-il, *sans celle*
« *des armes;* » et cette gloire, qu'il défendra contre Boileau et
J.-B. Rousseau, il y prétend : les plus grands noms militaires ne
l'effraient ni ne le découragent, et, lorsque parfois sa prudence et
sa réflexion réclament contre une espérance rêvée de si loin, il
s'assure contre lui-même par ces fières maximes : « *Ce qui est*
« *présomption dans les faibles, est élévation dans les forts;...*
« *les espérances les plus ridicules et les plus hardies ont été sou-*
« *vent la cause des succès extraordinaires;* » et il aspire, avec
une généreuse audace, à la renommée des Catinat et des Villars.

Mais la Providence le réservait à une gloire plus tranquille.
Sans parler de quelques mécomptes plus secrets, dont on trouve
la trace dans ses derniers écrits[1], en moins d'une année, la campagne et la retraite de Bohême ont enlevé à Vauvenargues son
ami le plus cher, Hippolyte de Seytres, épuisé sa modeste fortune, et détruit sa santé. « *Une âme guerrière*, dit Bossuet, *est*
« *maîtresse du corps qu'elle anime;* » l'âme de Vauvenargues
était faite pour tenter une pareille victoire ; mais son corps avait
reçu de telles atteintes, que la lutte même n'était plus possible :
il lui faut renoncer à cette carrière toute pleine de promesses, à
ces camarades enthousiastes qui lui prédisaient tout haut ce qu'il
se prédisait tout bas, à cette gloire enfin que son grand cœur
mettait au-dessus de toutes les autres. C'est à ce premier coup de
la fortune que la fermeté de Vauvenargues se déclare : la guerre
lui échappe, il se tourne vers la diplomatie. Vauvenargues diplomate ! Qu'on ne s'en étonne pas ; ce contemplatif a toujours visé
à la pratique et au maniement des hommes ; il revient souvent,
avec une prédilection marquée, sur certaines qualités diplomati-

---

[1] Une *Réflexion*, inédite, intitulée *Sur les armées d'à-présent*, donne bien
du jour sur ce point.

ques par essence, entre autres, sur ce qu'il appelle *l'esprit de ma-
nége*, qui sert *à pénétrer et à rester impénétrable*[1]. Qu'on ouvre
les *Maximes*; on voit qu'il a toute une diplomatie à lui, et qu'elle
consiste à dérouter, à étourdir les habiles par la franchise même
et la droiture. Il professe pour certaine habileté vulgaire le plus
souverain mépris; la feinte n'est pas seulement pour lui le moyen
le moins digne, elle est le plus faible; aussi, ce n'est pas au plus
fin qu'il joue, c'est au plus fort, et pour lui la vérité est la force
souveraine.

Vauvenargues, à deux reprises, demande inutilement un emploi. Il offrait cependant « *de servir dans les pays étrangers sans
« appointements et sans caractère, jusqu'à ce qu'on l'eût mis
« à l'épreuve*[2]. » Ses lettres à son colonel, M. de Biron, au
Roi et au ministre Amelot, restèrent d'abord sans réponse, et,
en conscience, on ne saurait s'en étonner : avec sa réserve un
peu hautaine, il ne produisait d'autres titres que sa bonne volonté et son courage; le ministre, il faut bien en convenir, ne
pouvait deviner une aptitude discrète à ce point, et si peu probable
dans un officier de vingt-huit ans[3]. Vauvenargues se lasse enfin

[1] Voici un portrait qui rend au vif cette préoccupation singulière : « Pro-
« fond et adroit, *Théophile* ne parle pas sans dessein, et n'a pas de l'esprit
« pour ennuyer. Son esprit perçant et actif a tourné son application du côté
« des grandes affaires et de l'éloquence solide; il est simple dans ses pa-
« roles, mais hardi et fort; il parle, quelquefois, avec une liberté qui ne peut
« lui nuire, et qui écarte la défiance de l'esprit d'autrui. Il a l'art d'abréger
« les négociations les plus difficiles, et son génie flexible se prête à toute
« sorte de caractères, sans quitter le sien; il est l'ami tendre, le père,
« le conseil et le confident de ceux qui l'entourent; on trouve en lui un
« homme simple, sans ostentation, familier, populaire; quand on a pu le
« voir une heure, on croit le connaître; mais son caractère est de démêler
« les autres hommes, et de n'en être pas démêlé. »
N'est-ce pas là le *Père* de tout à l'heure, avec le diplomate de plus?

[2] Lettre inédite à **M.** le duc de Biron, colonel du régiment du Roi.

[3] Vauvenargues le sentait lui-même, car, en adressant copie de ces diverses
lettres à son ami Saint-Vincens, il lui mandait : « Vous serez peut-être sur-
« pris de l'idée de ces lettres; j'espérais qu'elles attireraient quelque atten-
« tion par leur singularité, et que cela me mettrait peut-être un jour à même
« de me faire connaître. Les choses ont tourné au pis. Je suis touché de tout
« cela, comme un homme qui a de l'ambition, et qui se voit borné de tous côtés;
« mais je ne me reproche rien. J'ai toujours fait ce que j'ai pu pour mériter
« une fortune moins obscure; je sais de quel œil on regarde l'ambition d'un
« homme qui se fonde sur de tels titres; mais il n'a pas été en moi d'en pro-
« duire de meilleurs. » (*Lettre inédite.*)

d'attendre ; il envoie sa démission à M. de Biron, et il écrit sa seconde lettre à M. Amelot, morceau admirable, où la fierté du gentilhomme perce sous la dignité contenue de son accent. A ce moment, sans doute, il écrivait cette *maxime* inédite et transparente : « Si un homme est né avec l'âme haute et courageuse, « s'il est laborieux, altier, ambitieux, sans bassesse, d'un esprit « profond et caché, j'ose dire qu'il ne lui manque rien pour être « négligé des grands et des gens en place, qui craignent encore « plus que les autres hommes ceux qu'ils ne pourraient domi- « ner. » Le ministre ne lut pas la maxime, mais il lut la lettre ; il sentit le coup, et lorsque, à cette hauteur d'un homme qui aime mieux se démettre de son grade que de risquer d'y être inutile, il put reconnaître qu'il y avait, en effet, dans ce jeune officier, plus qu'un solliciteur ordinaire ; lorsque surtout Voltaire intervint avec cette vivacité passionnée qu'il apportait à ses amitiés comme à ses haines, lorsqu'il fit voir au ministre quel homme il venait de rebuter, lui disant : « *Vous savez votre* « *Démosthènes par cœur, il faut que vous sachiez votre Vauve-* « *nargues,* » Amelot, qui n'était pas seulement habile ministre, mais homme de goût, promit cette fois, et promit sincèrement. Vauvenargues reprend courage, et, en attendant une vacance, va s'enfermer dans son château solitaire, pour se préparer à son nouveau rôle. Il n'avait pour cela qu'à suivre des travaux déjà commencés, car il avait étudié non-seulement l'histoire, mais le droit public. Il est à supposer même que la carrière des négociations n'était pour lui qu'un acheminement aux affaires intérieures ; il voulait être homme d'État ; outre quelques confidences éparses dans ses œuvres, on y rencontre un filon d'idées sur les *lois*, sur la *politique*, sur les *partis*, qui trahit son arrière-pensée ; et, pour s'encourager dans cette autre ambition secrète, il se disait à lui-même avec complaisance, que « *les grandes* « *places instruisent promptement les grands esprits,... et que les* « *plus grands ministres ont été ceux que la fortune avait le plus* « *éloignés du ministère.* » (*Maximes* et *Réflexions sur divers* « *sujets.*)

Mais il était dans sa destinée d'ouvrir toujours les ailes, et de ne pouvoir prendre l'essor. Vauvenargues ne sera pas plus négociateur, ou homme d'État, que général d'armée ; un dernier coup ruine à jamais sa santé déjà si chancelante. Il faut savoir l'étendue de ses douleurs pour savoir l'étendue de son courage : dans la retraite de Bohême il avait eu les jambes gelées, puis des plaies s'y étaient ouvertes, et la petite vérole survient, qui l'achève. Non-seulement il est défiguré, mais il est presque aveugle ; le contre-coup de la maladie, plus terrible que la maladie même, s'est fait sentir à la poitrine, et une toux trop significative l'avertit de sa mort prochaine. Va-t-il enfin désespérer de lui-même ? Écoutez-le, voyez-le : « *Le désespoir*, s'écrie-t-il, *est la plus grande de* « *nos erreurs* » (*Maximes*) ; et, mettant la main sur sa blessure, il regarde la mort du même œil qu'il regardait l'ennemi. Je comprends maintenant *ce cœur stoïque et tendre*, dont parle Marmontel dans un de ses meilleurs vers ; je comprends ce cri d'admiration de Voltaire : « *Je l'ai toujours vu le plus infortuné des* « *hommes, et le plus tranquille.* » Vauvenargues va mourir ; il le sait ; mais, dans le sentiment même de l'énergie qui lui reste quand tout lui manque, il trouve encore un dédommagement, et il écrit ces lignes si poignantes et si belles : « Le malheur même « a ses charmes dans les grandes extrémités ; car cette oppo- « sition de la fortune élève un esprit courageux, et lui fait ra- « masser toutes ses forces qu'il n'employait pas [1] ; » et ses dernières forces, il les ramasse pour un suprême effort, une suprême espérance.

Dans le temps même où il ne cherchait son avenir que dans les armes ou dans les affaires, il avait aimé les lettres et les avait cultivées ; mais ce qui n'avait été jusque-là que le besoin ou le délassement d'une intelligence naturellement active, devient pour lui un dernier but et un dernier moyen de gloire. On voit la transition dans cette *Maxime* : « La fortune exige des soins ; il faut « être souple, cabaler, n'offenser personne, cacher son secret, et « même, après tout cela, on n'est sûr de rien. Sans aucun de ces « artifices, un ouvrage fait de génie remporte de lui-même les

---

[1] 10ᵉ *Conseil à un Jeune homme.*

« suffrages, et fait embrasser un métier où l'on peut aller à la gloire
« par le seul mérite. » Toutefois, ce ne fut pas sans peine qu'il
embrassa *ce métier*, comme il l'appelle. Le temps n'était pas encore de l'autorité incontestée des gens de lettres, et, en 1745, il
n'était pas facile à un gentilhomme de se ranger ouvertement
parmi eux. Dans sa famille, dans son entourage, il eut des préjugés à vaincre, et c'est à ces préjugés qu'il répond dans cette
Maxime : « *Il vaut mieux déroger à sa qualité qu'à son génie.* »
Encore, malgré l'indépendance et la décision de son caractère,
n'ose-t-il signer son livre : la seule édition qu'il en ait donnée a
paru sans nom d'auteur.

Ainsi, de mécompte en mécompte, de souffrance en souffrance,
Vauvenargues est arrivé à sa dernière épreuve. Deux ans encore
il vivra [1], se hâtant parce qu'il sait que le terme approche, agité
au dedans, mais calme au dehors, cachant à tous les douleurs de
son corps, et surtout les douleurs de son âme, et laissant un tel
souvenir, que ceux qui l'auront connu ne pourront plus parler de
lui sans un respectueux attendrissement. [2] Je ne saurais mieux
finir l'étude de cette vie si triste et si touchante, qu'en rappor-
tant un fait que j'ai recueilli avec joie dans les lettres inédites de
Vauvenargues. Il était déjà bien près de sa fin, lorsqu'il apprend
l'invasion de la Provence par les Impériaux et le duc de Savoie:
son cœur de soldat bondit; il saisit encore une fois son épée, et
il écrit à Saint-Vincens : « Toute la Provence est armée, et je suis
« ici, au coin de mon feu. Le mauvais état de ma santé ne me
« justifie pas assez, et je devrais être où sont tous les gentilshom-
« mes de la province. Offrez mes services pour quelque emploi
« que ce soit, et n'attendez point ma réponse pour agir; je me
« tiendrai heureux et honoré de tout ce que vous ferez pour moi
« et en mon nom. »

[1] Il mourut le 28 mai 1747, âgé de moins de trente-deux ans.

[2] Voir les *Mémoires de Marmontel*, les *Lettres* de Voltaire, et son *Éloge des
officiers morts dans la guerre de 1741.*

L'homme nous est connu ; il me reste à montrer que l'écrivain a tenu les promesses de l'homme.

Lorsque, en 1745, Vauvenargues quittait la Provence pour n'y plus retourner, et venait s'établir à Paris, dans la rue du Paon [1], à l'hôtel de Tours, il se produisait dans le monde des lettres un mouvement nouveau. Au siècle précédent, il y avait eu des amitiés vives entre les plus illustres écrivains, mais alors les lettres n'étaient aimées que pour elles-mêmes, et ne recevaient des nobles esprits qui les aimaient ensemble qu'un hommage exclusif et désintéressé. Au dix-huitième siècle, au contraire, elles ne sont plus à elles-mêmes leur propre but, elles deviennent un moyen, et l'accord des écrivains prend le caractère d'une véritable coalition. Voltaire est chef ; son armée se forme derrière lui, et se prépare à cette guerre au passé dont l'*Encyclopédie* sera bientôt le manifeste. Comme ces courants d'eau douce qui traversent, dit-on, l'Océan, sans rien prendre de son amertume, Vauvenargues traversera les passions et les luttes contemporaines, sans y rien laisser de son calme et de sa douceur. Dès le premier moment, il se distinguera par la gravité, par la tenue, dans un monde qui en avait souvent trop peu, et, de même que, dans les camps, parmi ses camarades, il avait conservé son caractère propre, il conservera parmi les écrivains d'alors une place à part et respectée. Il imposera à Voltaire lui-même, et l'on ne peut s'étonner assez de voir ce jeune homme s'emparer tout d'abord d'un esprit aussi insaisissable et d'une humeur aussi mobile. Voltaire, on peut le dire, n'a reçu de personne une impression aussi vive, n'a éprouvé pour personne une déférence aussi sincère et aussi tendre. Il ne s'agit pas ici de cette déférence cruellement ironique dont il usait volontiers à l'égard de certaines médiocrités avides de louanges ; il est clair que Vauvenargues a touché le cœur, en même temps qu'il a étonné l'esprit de ce grand homme. C'est qu'avec son regard si net et si prompt, quand la passion

[1] Aujourd'hui rue Larrey, près de l'École de Médecine.

ne le trouble pas, Voltaire avait vu dans ce jeune homme un homme d'élite. En vain Vauvenargues se présente à lui comme un respectueux disciple : Voltaire le traite en maître, ou du moins en égal ; et Voltaire a cinquante ans, et Vauvenargues n'en a pas trente ; Voltaire est au fort de son génie et de sa gloire, et Vauvenargues, qui débute à peine dans la carrière, ne peut se recommander encore que de simples essais littéraires.

Ils se réduisaient à quelques ouvrages assez courts, où l'imitation domine. Vauvenargues savait peu, et faisait bon marché du savoir ; à la veille de l'*Encyclopédie*, il a plus d'un trait contre les esprits qui se croient universels ou qui voudraient l'être ; « *il* « *faudrait plutôt*, dit-il, *corriger les hommes d'apprendre des* « *choses inutiles.* » Il rappelle volontiers que Socrate savait beaucoup moins que Bayle ou que Fontenelle, et il en conclut que la science sert de peu. L'antiquité lui était fermée, et il avait contre le moyen-âge les préventions de son temps ; en sorte que l'esprit humain ne date pour lui que de Montaigne. En effet, sa filiation littéraire ne remonte pas plus haut, et si l'on ajoute que, dans son siècle, il n'a guère d'admiration que pour Voltaire, on voit que ses modèles se réduisent à un petit nombre. Il est vrai que ce sont les meilleurs, car c'est Racine, c'est Bossuet, c'est surtout Pascal et Fénelon. Sa méthode, il l'annonce lui-même : « *Penser de soi-même, et prendre, s'il se peut, la manière et le* « *tour de ces grands maîtres.* »

Dans les lettres comme dans la vie, le premier goût de Vauvenargues est pour l'action ; aussi est-ce l'éloquence qui l'attire d'abord, parce que c'est l'éloquence qui saisit le plus fortement les esprits, et s'empare le plus immédiatement des cœurs. Son principal morceau oratoire, le plus célèbre, c'est l'*Éloge funèbre d'Hippolyte de Seytres*. Vauvenargues avait pour cet ouvrage une prédilection singulière ; il le retouchait sans cesse, et l'envoyait à ses amis de Provence, à Mirabeau, à Saint-Vincens[1]. C'est qu'il aimait Hippolyte de Seytres comme on aime souvent les autres, parce qu'on se reconnaît en eux. De même pays, de

―――――――

[1] *Lettres inédites.*

même naissance, officiers tous deux, tous deux morts avant l'âge, que de tristes et saisissants rapports! Aussi, qu'on regarde de près à ce discours, il est clair que ce n'est pas seulement un ami, mais un idéal, ou plutôt un autre lui-même, que Vauvenargues a perdu. Les qualités étonnantes qu'il attribue à cet enfant de dix-huit ans dépassent trop évidemment la portée de cet âge, les traits de cette figure sont trop fermes et trop virils, pour que Vauvenargues ne l'ait pas agrandie ou complétée, en empruntant à la sienne. Cependant, malgré son goût pour cet ouvrage, et malgré quelques parties fortes et touchantes, il faut avouer que les proportions du simple éloge y sont dépassées, et que celles de l'oraison funèbre ne sont pas atteintes.

Hippolyte de Seytres a mieux inspiré Vauvenargues dans les *Discours sur la Gloire, sur les Plaisirs*, et surtout dans les *Conseils à un Jeune homme*; car c'est à lui que ces diverses pièces étaient adressées. Toute sa morale est en germe dans ces pages; mais, à ne les regarder qu'au point de vue littéraire, on peut dire qu'elles comptent parmi les meilleures de Vauvenargues. Ces discours sont des entretiens, et l'on aime à s'imaginer qu'il parlait ainsi, sur ce ton à la fois grave et pénétrant, calme et doucement échauffé. Les *Conseils à un Jeune homme* donnent peut-être l'idée la plus complète de Vauvenargues, et, malgré quelques incorrections insignifiantes, peuvent se ranger parmi les morceaux les plus achevés de notre langue. *Parler comme Fénelon* était son idéal, et, nulle part, il n'en est plus près. Là, se retrouvent ces *aménités* et ces *grâces* qui le charmaient dans son maître, avec je ne sais quoi de plus jeune, de plus passionné et de plus fier.

Le principal intérêt des discours *sur le Caractère des différents siècles*, et *sur les Mœurs du siècle*, c'est que Vauvenargues y répond d'avance aux prochains paradoxes de J.-J. Rousseau. Rousseau va soutenir que les arts ont suscité les vices : « Non, dit Vauve- « nargues; seulement ils n'y remédient pas, et les arts ne sont « ni si pernicieux, ni si utiles que nous voulons le croire. » Rous- seau va opposer la vie sauvage à la vie civilisée : « Je ne parle « pas, dit Vauvenargues, des historiens qui vantent les mœurs des « sauvages, leur simplicité, leur bonheur et leur innocence; les

« histoires des peuples barbares me sont également suspectes
« dans leurs reproches et dans leurs éloges, et je ne veux rien
« établir sur des fondements si ruineux. »

En 1745, l'Académie française mit au concours la question de
l'*Inégalité des richesses*; Vauvenargues concourut, et, là encore,
il répond d'avance à Rousseau, qui, huit ans plus tard, devait
reprendre ce sujet avec tant de retentissement et d'éclat. Mais,
s'il le traite avec plus de mesure, Vauvenargues aussi ne l'aborde
que de côté, et ne descend pas au fond. Au pauvre, il ne donne
pas de raisons de sa misère, ou n'en donne que d'indirectes; il
n'a d'autre consolation à lui présenter que le tableau, éloquent
d'ailleurs, de la fausse félicité du riche : égalité de souffrance à
côté de l'inégalité des richesses, telle est la conclusion de son
discours. Il faut avouer qu'elle n'est pas décisive; car, si le pauvre vient vous dire : *Misère pour misère, j'aime encore mieux la
vôtre !* la question se déplace, et c'est un autre abîme qui s'ouvre. Il est vrai que Vauvenargues n'était pas maître de son sujet;
car l'Académie française, plus prudente que celle de Dijon, n'a-
vait pas laissé aux concurrents le choix de la solution. Mais, la
question n'eût-elle pas été réduite, il l'eût traitée de même; il ne
croit pas à l'égalité : « Je désirerais de tout mon cœur, dit-il,
« que toutes les conditions fussent égales; j'aimerais beaucoup
« mieux n'avoir point d'inférieurs, que de reconnaître un seul
« homme au-dessus de moi. Rien n'est si spécieux dans la spé-
« culation que l'égalité, mais rien n'est plus impraticable et plus
« chimérique. » (*Maximes inédites.*) Quoi qu'il en soit, son discours est plein de force, et la discussion y est réellement élevée;
il y règne un ton de tristesse approprié au sujet, et qui serre le
cœur quand on arrive à ce passage où, faisant sur lui-même un
brusque retour, il s'écrie : « Accablé d'afflictions dans la force de
« mon âge, ô mon Dieu ! si vous n'étiez pas, ou si vous n'étiez
« pas pour moi, seule et délaissée dans ses maux, où mon âme
« espérerait-elle? Serait-ce à la vie, qui m'échappe et me mène
« vers le tombeau par les détresses? Serait-ce à la mort, qui
« anéantirait avec ma vie tout mon être? »

Vauvenargues n'eut pas le prix, et il en conçut quelque humeur; car il écrit dans ses *Maximes* ces paroles, dont je demanderais pardon à l'Académie, s'il n'y avait prescription : « *Pourquoi* « *appelle-t-on académique un discours fleuri, élégant, ingénieux,* « *harmonieux* (c'est celui de son heureux rival), *et non pas un* « *discours vrai, fort, lumineux et simple* (c'est le sien)? *Où cultivera-t-on la vraie éloquence, si on l'énerve dans l'Académie?* »

Dans ses *Dialogues*, c'est Fénelon qu'il imite; dans ses *Caractères*, c'est Théophraste, c'est Fénelon encore, plutôt que La Bruyère. Il sent vivement la perfection du style de La Bruyère, mais cette perfection même le décourage : « *ce ne sont pas des* « *beautés*, dit-il, *où l'imitation puisse atteindre.* » Il faut le dire aussi, cette phrase savante et chargée de nuances, qui convient à un homme passionné pour les détails, n'était pas dans le tour d'esprit de Vauvenargues; sa sobriété, parfois voisine de la sécheresse, s'accommodait mieux de la simplicité un peu nue de Théophraste, et, comme les sculpteurs antiques, il préfère la pureté des lignes à la richesse des ornements. La Bruyère, d'ailleurs, s'attache, de préférence, à la satire de nos ridicules et de nos petitesses; Vauvenargues se propose la description sérieuse des grands mouvements de l'âme humaine, dans le bien et dans le mal; La Bruyère, pour l'objet partiel qui l'occupe, n'a pas besoin de sortir de son temps, car il y trouve matière suffisante à ses tableaux; Vauvenargues, dont le regard est plus général, réclame *le droit de sortir quelquefois de son siècle, à la condition de ne sortir jamais de la nature,* et, en même temps qu'il s'autorise, sur ce point, de l'exemple de Fénelon, il n'hésite pas à déclarer que *les portraits de La Bruyère paraissent petits, quand on les compare à ceux du Télémaque*[1]. Mais ce qui doit attirer surtout l'attention sur les *Caractères* et sur les *Dialogues* de Vauvenargues, c'est qu'ils sont pleins de lui; c'est qu'il y a peu de ses *Caractères* où ne se rencontre quelque détail intime et personnel; c'est que, dans les *Dialogues* surtout, il est presque toujours l'un des interlocuteurs. Qu'on lise, entre autres, *Renaud et Jaffier*, et surtout *Brutus et le Jeune Romain* : ce jeune Ro-

---

[1] Voir un *fragment* de Vauvenargues, intitulé : *Sur la difficulté de peindre les Caractères;* voir aussi la *Préface* de ses *Caractères.*

main, c'est encore Vauvenargues; la guerre, l'éloquence, les affaires, toutes ses ambitions, tous ses mécomptes sont là, et la
peinture de ce jeune homme qui a aimé en vain toutes les
grandes choses, et meurt privé de l'immortalité qu'il a rêvée,
n'est que le tableau trop fidèle de la vie de Vauvenargues, et le
retentissement de ses secrètes douleurs. Il en jugeait sans doute
ainsi lui-même, car, bien qu'il eût mis la dernière main à la plu-
part de ces *Caractères* et de ces *Dialogues*, il n'en a rien publié.
C'était un testament; il ne devait être ouvert qu'après la mort.

On peut reprocher à la critique de Vauvenargues quelques
excès dans la louange ou dans le blâme; mais elle est originale,
et bien des choses sont devenues communes, qu'il a dites le premier. On sait que c'est à propos de Corneille et de Racine qu'il
entra en correspondance avec Voltaire. Fontenelle, dont la vie
fut si longue, avait eu le temps de suivre ses rancunes; pour lui,
la question de prééminence entre les deux grands tragiques du
dix-septième siècle n'était pas seulement une question de famille;
car au neveu du grand Corneille s'ajoutait l'auteur d'*Aspar*, si
cruellement maltraité par Racine. Longtemps, Fontenelle avait
été sans autorité; mais, en 1740, il était, à juste titre, un des
hommes les plus considérables et les plus écoutés dans le monde
littéraire. Racine donc était en discrédit, lorsque Vauvenargues
vint justifier le mot célèbre de Boileau : *On y reviendra*. Sans
doute, sa prévention contre Corneille est trop entière, et Voltaire
eut raison d'en rabattre; mais, quand on relit les jugements de
ce jeune homme sur nos grands écrivains, on comprend que Voltaire ait été surpris d'un sens littéraire à la fois si délicat et si vif.
On peut encore, même aujourd'hui , trouver Vauvenargues trop
sévère contre J.-B. Rousseau, et contre la poésie lyrique de son
temps; mais il faut aussi remarquer que, seul dans son siècle, il
a pressenti le mouvement lyrique du nôtre, ou, du moins, dé-
claré que c'en était fait de la poésie lyrique, si elle ne renonçait
à ses formes traditionnelles, et ne renouvelait son inspiration. S'il
est arrivé, plus d'une fois, à cette sûreté de vue et à cette nou-
veauté dans la critique, c'est qu'il y introduisait un élément nouveau, l'*âme*. Non-seulement « *l'âme*, dit-il, *et non l'esprit, fait*

« *les grands poëtes, les grands orateurs, les grands ministres et* « *les grands capitaines;* » mais, seule aussi, elle a qualité pour les juger. Cette part faite à l'âme, c'est-à-dire au sentiment, dans l'appréciation des choses de l'esprit, explique à la fois, et la force réelle, et la faiblesse de sa critique. Ainsi, parce que le ton, souvent surélevé, de Corneille choque le sentiment de Vauvenargues, son goût n'aperçoit plus les immortelles beautés de ce génie. Il semble étrange pourtant que la grandeur de Corneille n'ait pas saisi un homme aussi passionné que l'était Vauvenargues pour la grandeur : c'est que la simplicité en est pour lui la condition, et les héros de Corneille ne lui paraissent pas assez simples; comme Fénelon, quand il entend l'Auguste de *Cinna,* il pense à l'Auguste de Suétone. Le sentiment de Vauvenargues répugnait au ridicule ; voilà pourquoi, comme Fénelon encore, il ne rend pas assez justice à Molière, ni même à La Bruyère. Plein de respect pour l'humanité, il lui en coûte de voir qu'on peut la prendre par le côté plaisant ; il ne veut pas qu'on raille en pareille matière, e il dirait volontiers comme l'Évangile : *Malheur à ceux qui rient !* Il n'a pas senti que, dans Molière surtout, le rire n'est qu'à la surface, que la tristesse est au fond de son œuvre, comme elle était au fond de sa vie ; il n'a pas senti que Molière est au nombre des esprits les plus graves de l'humanité, et qu'à bon droit la postérité lui a confirmé le beau nom de *contemplateur.*

Le meilleur titre littéraire de Vauvenargues, c'est son style. Sa langue, il est vrai, n'est pas toujours sûre ; parfois même, elle est incorrecte ; mais elle est forte, elle est saine, parce qu'elle est prise aux meilleures sources. Vauvenargues ressemble à ces étrangers qui, n'ayant étudié le français que dans les modèles, en retiennent les formes les plus achevées. Dans le style, comme dans le caractère, ce sont les qualités fermes et vives qu'il estime le plus, et, comme les écrivains qui ont été militaires, on dirait qu'il se propose, avant tout, d'aller vite, et de traîner après lui peu de bagage. Préoccupé de la concision, il aime à négliger les formes intermédiaires, qui achèvent l'expression dans le style ; et, comme alors sa pensée va plus vite que son raisonnement, il est quelquefois obscur ; parfois aussi son dessin est un peu sec, sa couleur est un peu terne, parce qu'il dédaigne l'agrément, et *« cet esprit qui enveloppe, dit-il, les simplicités de la nature. »* Cependant, en plus d'un endroit, il se relâche de sa sévérité ordinaire ; il se laisse aller au tour fin et piquant, et c'est principalement quand il parle de la *sottise ;* il n'y a que les sots pour le mettre en belle humeur : « Tel qui s'habille le matin à huit heures, pour entendre plaider « à l'audience, ou pour voir des tableaux étalés au Louvre, ou « pour se trouver aux répétitions d'une pièce prête à paraître, et « qui se pique de juger, en tout genre, du travail d'autrui, est un « homme auquel il ne manque souvent que de l'esprit et du goût. » N'est-ce pas la coupe de phrase, et la chute de La Bruyère ? Parfois aussi, quand il parle des objets qui lui sont chers, de la jeunesse et de la gloire, par exemple, son style s'échauffe, s'élève comme par coups d'aile, et la force du sentiment emporte avec elle la force de l'expression ; il prend alors ses images au monde extérieur, et, comme les Grecs, il les emprunte surtout à l'aurore, au printemps, à tout ce que la nature a de plus frais, de plus jeune, et de plus beau. Cependant, si réservés que fussent ces emprunts, Voltaire trouvait la prose de Vauvenargues encore trop riche et trop métaphorique. Croirait-on, par exemple, qu'il biffait de sa main, les jugeant trop *poétiques,* ces deux *maximes* justement fameuses : « Les premiers jours du printemps ont moins de grâce « que la vertu naissante d'un jeune homme. — Les feux de l'au-« rore ne sont pas si doux que les premiers regards de la gloire ? » Qu'aurait dit Voltaire de ces lignes inédites, pleines d'une admirable tendresse et d'une discrète mélancolie : « La vue d'un ani-« mal malade, le gémissement d'un cerf poursuivi dans les bois « par des chasseurs, l'aspect d'un arbre penché vers la terre et « traînant ses rameaux dans la poussière, les ruines méprisées « d'un vieux bâtiment, la pâleur d'une fleur qui tombe et qui se « flétrit, enfin, toutes les images du malheur des hommes, ré-« veillent la pitié d'une âme tendre, contristent le cœur, et « plongent l'esprit dans une rêverie attendrissante ? »

Original, mais inachevé comme critique, inachevé aussi comme écrivain, Vauvenargues n'est vraiment supérieur que comme moraliste. Je dis moraliste, et non philosophe, car son *Introduction à la Connaissance de l'Esprit humain* ne se recommande elle-même que par la partie morale. Voltaire en admirait avec raison quelques pages, et le chapitre *Du Bien et du Mal moral* lui paraissait un des plus beaux morceaux philosophiques de notre langue; mais, il faut l'avouer, la métaphysique de ce livre est faible, et se réduit à une nomenclature, sèche et incomplète d'ailleurs, de l'âme humaine, où le manque de connaissances précises et sûres est trop visible. C'est aussi le défaut de son traité sur le *Libre-arbitre*, où l'on est étonné de voir Vauvenargues, l'apôtre de l'*action*, contester à son tour la volonté humaine, déjà négligée au dix-septième siècle par Descartes, ou sacrifiée à l'envi par Port-Royal, Malebranche et Spinoza. Sans doute, dans ces divers ouvrages, son heureux instinct lui fait rencontrer de précieuses vérités de détail; mais sa jeunesse, son inexpérience, et son dédain pour la science acquise, ne lui ont pas permis d'aller bien avant dans un ordre d'idées tout théorique, où il faut savoir beaucoup, pour découvrir un peu. Si Vauvenargues est un moraliste de premier ordre, c'est que la morale, science avant tout pratique, se passe plus aisément de savoir ou d'études profondes; une certaine pénétration d'esprit, un sens droit, un regard clair peuvent y suffire. Quand le moraliste a pris une vue sommaire dû monde, il sait à peu près tout ce qu'il faut savoir; il peut, dès lors, se replier sur lui-même, ne plus étudier que lui-même, parce que la nature humaine, sauf quelques variétés tout extérieures, est, au fond, simple et une à ce point, qu'elle se trouve à peu près entière dans un esprit bien fait et dans une âme bien douée. La solitude, même, est favorable, est nécessaire au moraliste : sans doute, pour connaître les hommes, il faut les avoir pratiqués; mais, pour en bien juger, il faut se mettre à distance. J.-J. Rousseau raconte qu'il ne pouvait peindre les objets en face, et sous le coup de l'impression qu'il en recevait; il ne les démêlait bien, et ne les rendait fidèlement que de souvenir. En effet, un objet trop prochain gêne le regard, et à l'observateur, comme au peintre, il faut une certaine profondeur de perspective. Et puis, quand on le voit de trop près, le monde offusque ou irrite ; de loin, il n'excite plus que compassion et indulgence. Pourquoi Saint-Simon et La

Rochefoucauld sont-ils si durs, si impitoyables pour l'homme?
C'est qu'ils le pratiquent encore au moment où ils le jugent, c'est
qu'ils écrivent sur le champ de bataille même, alors que leurs
blessures sont toutes vives encore, et toutes saignantes. Dans la
retraite, le sentiment s'épure en se désintéressant du mouvement
de ce monde, la raison se rassied, et l'œil, plus calme, voit les
choses à leur point. C'est dans ces favorables conditions que se
trouvait Vauvenargues : il a vécu avec les hommes, mais il les
juge dans la solitude, cette solitude « *qui est*, dit-il, *à l'âme ce que*
« *la diète est au corps.* » Ce n'est pas qu'il soit dégoûté de la société, ou qu'il la dédaigne, car il aime la gloire, et c'est la société
qui la décerne; il a trop besoin de l'approbation des hommes pour
rompre avec eux, ou pour en parler avec amertume. D'ailleurs,
pourquoi serait-il amer? Sans doute, il a souffert dans la vie,
mais, du moins, il n'a pas souffert par sa faute. Tel moraliste
n'est si mécontent des autres, que parce qu'il est mécontent de
lui-même : Vauvenargues n'a rien à regretter, et ne regrette rien
de ce qu'il a fait ou de ce qu'il a voulu faire. Nous touchons ici
à ce qu'il y a de plus grand dans ce grand caractère, la sérénité
dans la douleur : il est jeune, et la jeunesse, on l'a remarqué,
n'est pas l'âge de l'indulgence; il semble qu'un destin jaloux ait
pris à tâche de détruire à mesure toutes ses espérances, et son
ardeur et son infatigable persévérance n'ont pu le faire sortir de
cette obscurité qui lui pèse; quel beau texte contre le néant de
la vie, contre l'injustice des hommes ou du sort! Certes, on dé-
clamerait à moins; un infortuné de notre siècle n'y eût pas manqué, et j'entends d'ici les sombres plaintes des fils de Werther et
de René. Ajoutez à cela qu'il souffre, non de cette souffrance in-
déterminée et intermittente, dont on met, comme tel moraliste
de nos jours, cinquante ans à mourir, mais de ces douleurs trop
cruellement précises, et toujours présentes, qui ne laissent ni ré-
pit ni trêve, et qui conduisent, en deux ou trois ans, à la mort.
Parfois, la philosophie des valétudinaires est assortie à leur tempérament; ils prêchent, comme philosophes, le repos dont ils ont
besoin, comme malades; et, par exemple, je soupçonne fort un
ingénieux moraliste de notre siècle, l'aimable M. Joubert, de ne

goûter si peu la liberté, que parce qu’elle vit de mouvement, parce
qu’elle fait du bruit, parce qu’elle dérange. Dans Vauvenargues,
au contraire, ou, du moins, dans sa morale, on n’aperçoit pas
l’homme qui souffre, et, comme le jeune Spartiate, rien ne trahit
sur son visage le mal qui lui dévore les entrailles. Parce qu’il lui
faut renoncer à l’action, il ne veut pas pour cela qu’on y renonce,
et il n’y a pas de moraliste qui encourage autant à vivre.

S’il respecte à ce point la vie, c’est qu’il respecte l’homme. Les
moralistes, si divisés sur tout le reste, se rencontrent sur un point,
la défiance secrète ou le mépris avoué de l’espèce humaine. Montaigne, La Bruyère et Pascal relèvent à l’envi nos faiblesses, nos
inconséquences, ou nos travers ; et, tandis que Montaigne s’en
accommode avec son indifférence ordinaire, que La Bruyère en
fait le tableau sans conclure, Pascal en souffre et s’en irrite. Ce fier
génie voudrait dans notre nature une suite qu’elle ne comporte pas,
et la rigueur même de sa logique lui ôte le juste sentiment des
proportions humaines. Aussi, malgré de généreux et admirables
retours sur la dignité de l’homme, il le confond par l’effrayante
peinture de son néant et de ses misères ; des hautes cimes qu’il
habite, il fond sur cette terre, non pas comme l’ange de paix, pour
soutenir l’homme et le consoler, mais comme l’ange de colère,
pour l’épouvanter et l’abattre. Dans ce sentiment exagéré de la
perfection, et dans cet amer désappointement de n’y pouvoir atteindre, ne reste-t-il pas quelque chose de l’orgueil qui a précipité
les anges ? Se révolter ainsi contre l’homme, n’est-ce pas manquer
à Dieu dont il est l’ouvrage ? Et n’est-ce pas à Pascal que Fénelon
adresse ces belles paroles : « Voir sa misère et en être au déses-
« poir, ce n’est pas être humble ; au contraire, c’est avoir un
« dépit d’orgueil qui ne peut consentir à son abaissement[1] ? »

Il en coûte d’aller de Pascal à La Rochefoucauld, car, tandis
que l’un agrandit, l’autre rapetisse tous les objets qu’il touche.
Je sens que Pascal m’estime encore, alors même qu’il me mal-
traite ; La Rochefoucauld n’a pas cette sublime colère, mais n’a
pas non plus d’estime, et j’ose dire qu’il me calomnie, et je veux

---

[1] Fénelon. — *Instructions, Prières et Méditations sur les Sacrements.* —
Art. III, *du Sacrement de l’Eucharistie.*

croire qu'il se calomnie lui-même. L'homme de La Rochefoucauld, c'est l'homme déjà déchu de Pascal, mais qu'un dénigrement inquiet et systématique vient rabaisser encore, lui contestant jusqu'au peu de vertus qui lui restent, pour les réduire à n'être plus que le *déguisement* de l'amour-propre ; c'est l'homme tel qu'aurait pu nous le montrer la philosophie chagrine de Port-Royal, si le christianisme n'en eût adouci l'amertume, et n'eût fait, comme le dit saint Paul, « *surabonder la grâce là où avait abondé* « *le péché.* » Du reste, quand on apprend de quelle manière La Rochefoucauld faisait ses *Maximes*, on se sent plus à l'aise : on sait que c'est dans la ruelle de madame de Sablé qu'il rendait ses arrêts, mais que signification n'en était faite qu'après révision de madame la Marquise, et de M. Esprit. Certes, composé plus sérieusement, un pareil livre pourrait me troubler ; mais, quand je vois que ces conclusions si graves contre l'humanité n'étaient, à certain égard, qu'une sorte de badinage, de petit jeu de société, qui se faisait à frais communs d'esprit entre trois ou quatre personnes, j'avoue que j'ai moins d'inquiétude sur moi-même, et que, tout en admirant le grand style de l'auteur, je n'ai pas la naïveté de m'effrayer outre mesure de son air sévère. Non, je ne puis croire que l'entourage de La Rochefoucauld, que La Rochefoucauld lui-même, aient jamais attaché à ce livre une autre importance qu'une importance littéraire ; car, s'il avait, au fond, la gravité que sa forme sérieuse et la consécration du temps lui donnent, on ne saurait comprendre que madame de Sablé, avec son grand sens, et madame de La Fayette, avec son grand cœur, le lui eussent pardonné [1].

Ici, l'on ne peut se défendre d'un rapprochement amené par le sujet même : La Rochefoucauld, dans un grand état de fortune et de naissance, au premier rang par le titre et la situation, s'est

---

[1] Quoi qu'il en soit, ce n'est pas d'inconséquence que La Rochefoucauld accuse l'homme ; où Montaigne et Pascal ne voient que contradictions, il suppose, au contraire, une logique et une persévérance singulières, car il n'admet dans la nature humaine qu'un instinct, qu'un mobile, et qu'un but : doctrine bien simple, en apparence, cependant, au fond, plus compliquée qu'il ne semble. Ce n'est pas chose si aisée, heureusement, que d'obéir à son seul intérêt, et l'homme n'est pas, à ce point, sûr de lui, même pour le mal. Que de fausses vues, que de fausses démarches, que d'apparences décevantes !

complu longtemps dans les grandes choses amoindries, dans les
passions mesquines, dans la guerre, dans les révolutions, dans la
diplomatie, réduites à l'état d'intrigues ; en somme, il a manqué
sa vie, et l'a manquée par sa faute ; il le sait, il en souffre ; mais,
trop orgueilleux ou trop faible, il n'a pas le courage d'être clé-
ment pour les hommes, parce qu'il lui faudrait être sévère pour
lui-même peut-être, et, dans cette alternative de prononcer contre
tous, ou de ne s'en prendre qu'à lui de ses fautes, il aime mieux
condamner toute l'humanité avec lui, que de se condamner sans
elle. Vauvenargues, au contraire, est pauvre ; sa naissance est
médiocre ; il aspire à tout, et n'arrive à rien : mais il a l'âme
grande dans un petit destin, et La Rochefoucauld a l'âme petite
dans une haute sphère ; les bonheurs de l'un l'aigrissent, les mal-
heurs de l'autre l'élèvent, et, quand Vauvenargues arrive, comme
La Rochefoucauld, à la pensée après l'action, son œuvre, écrite
presque sur un grabat, au milieu de souffrances vives et conti-
nuelles, son œuvre est un cordial aussi fortifiant que l'œuvre de
l'autre est désolée et désolante. Tous deux, cependant, ont un
point commun, la recherche et le besoin de l'approbation humaine ; mais l'un est si pur, qu'il purifie jusqu'à la vanité, jusqu'à l'amour des louanges, tandis que l'autre calomnie jusqu'à la
gloire, jusqu'à l'enthousiasme, jusqu'à l'amitié, jusqu'à l'amour !

Ce qu'on a dit de Montesquieu, on peut le dire de Vauvenargues : il rend ses titres à l'humanité ; il lui *restitue ses vertus*,
comme il le dit lui-même, et, où les autres mettent le frein, il
met l'aiguillon. Il prend également à partie, et la fausse prudence
qui craint d'être dupe, et la fausse humilité qui craint de faire
des fautes, et l'oisiveté, et la paresse, et le désespoir, en un mot,
tout ce qui retient, tout ce qui arrête. Ce qui n'est pas mouvement, ce qui n'est pas action, il le flétrit du nom de *servitude*,
cette servitude envahissante et corruptrice, « *qui abaisse les hom-*
« *mes*, dit-il, *jusqu'à s'en faire aimer ;* » il veut, enfin, que

Si bien, qu'après avoir plus d'une fois appuyé sa vie et sa conduite sur un
fondement aussi fragile, plus d'un arrive à la fin, qui n'a rien gagné à ce
jeu, trop heureux quand il lui reste, comme ressource et comme dernière
chance de gloire, de composer, à temps perdu, de tristes mais admirables
maximes.

l'homme vive de toute sa vie, de toutes ses forces, de toutes ses facultés, de toutes ses passions même, à charge de les conduire et d'en rester maître. Aussi, n'y a-t-il pas de morale plus pratique que la sienne. Sans doute, il y a d'autres moralistes pratiques, Franklin, par exemple; mais son objet est plus particulièrement l'utile; l'objet de Vauvenargues, c'est le grand. L'un prêche l'épargne, la modération, la prudence, tout ce qui fait la vie heureuse et bien réglée; l'autre prêche la libéralité, au besoin la profusion, la hardiesse, la témérité même, tout ce qui fait la vie forte et belle; c'est, d'une part, le bon sens un peu intéressé; de l'autre, le bon sens héroïque.

Parce qu'elle est pratique, la morale de Vauvenargues est indulgente; il a *la sévérité en horreur*, il le dit. Cependant cette indulgence n'est ni molle, ni trop accommodante, et il n'est pas de ces hommes dont il parle dans ses *Maximes*, « *qui traitent la* « *morale comme on traite la nouvelle architecture, où l'on cherche* « *avant tout la commodité.* » Nous l'avons vu, c'est au sentiment qui prévient la réflexion, et n'a pu être encore altéré par elle, que Vauvenargues s'en remet pour décider des choses de l'esprit; c'est à lui qu'il s'en remet également pour décider des choses du cœur. Il croit, comme Rousseau, que nos premiers mouvements sont les meilleurs; « *la réflexion*, dit-il, *qui vient ensuite, les affai-* « *blit en les polissant, et, si les mouvements acquis sont plus* « *achevés, ils sont en même temps plus défectueux.* » Aussi, comme le *Thyeste* dont il parle, mettez-le en face, je ne dis pas seulement de la faiblesse, mais en face du vice et du malheur mérité, il obéira plutôt au premier mouvement de la pitié, qui absout, qu'au second mouvement de la réflexion, qui condamne, et il prononcera ces paroles profondément humaines : « Le vice n'exclut « pas toujours la vertu dans un même sujet; il ne faut pas sur- « tout croire aisément que ce qui est aimable encore soit vicieux; « il faut, dans ce cas, s'en fier plus au mouvement du cœur qui « nous attire, qu'à la raison qui nous détourne. » (*Maximes iné-dites.*) Notez aussi que cette indulgence de Vauvenargues ne ressemble en rien à cette tendresse générale, vague comme une théorie, et qui, se portant sur tout, ne se fixe à rien, tendresse fort répandue au dix-huitième siècle sous le nom de *sensibilité*, non moins répandue au nôtre sous le nom de *philanthropie*. Sans perdre de vue l'espèce, c'est le sort de l'individu qui l'intéresse avant tout, et, sur ce point encore, il se distingue des philosophes de son siècle, qui paraissent généralement plus en souci de la destinée du genre humain que de celle de l'individu.

Mais, si Vauvenargues a mis dans un jour plus vif quelques points obscurs ou négligés de l'âme humaine; s'il a relevé des mobiles trop dépréciés, entre autres, l'amour de la gloire; s'il a rendu aux passions la part qui leur revient dans le champ de l'activité humaine, sa morale aussi a ses endroits faibles et vulnérables. Sans parler de ses contradictions, qui sont nombreuses, ce dédain du sens commun ou de la raison générale, qu'il n'accepte même pas comme contrôle; cette foi exclusive au sentiment individuel, cette indépendance absolue en toutes choses, cette impatience du frein, toutes ces hardiesses voisines de la témérité, je les comprends dans Vauvenargues, mais j'en ai peur. S'il ne se fie qu'à lui, c'est que, regardant au fond de lui-même, il n'y trouve que de nobles mouvements et d'avouables désirs, et que, regardant autour de lui, dans ce siècle déjà si troublé, il ne trouve rien où la conviction puisse se prendre, et la conduite s'attacher. Il n'en reste pas moins que le moyen est dangereux, et qu'on a peine à en permettre l'usage, même à des esprits de son ordre et de sa trempe. Son but, d'ailleurs, se réduit à l'approbation humaine; Vauvenargues ne compte qu'avec les hommes; « ils sont, dit-il, l'*unique fin* de mes actions, et l'*objet de toute* « *ma vie*... Il ne faut pas s'y méprendre, nous ne jouissons que « des hommes; *le reste n'est rien*[1]. » Aussi, l'immortalité, pour lui comme pour Vergniaud, semble n'être autre chose que le prolongement de notre mémoire parmi les hommes; ce sont nos pensées, nos sentiments, allant, par une sorte de métempsychose morale, revivre dans d'autres pensées, qu'elles suscitent ou qu'elles encouragent; en un mot, c'est l'immortalité du souvenir sur cette terre, substituée, au moins comme objet, à l'immortalité

---

[1] Discours préliminaire à l'*Introduction à la Connaissance de l'Esprit humain*.

de l'âme dans le ciel. A ce compte, il n'y en a plus que pour la gloire et les glorieux ; le commun des hommes périt tout entier dès ce monde, si rien ne l'attend au delà, et, sur ce point comme sur bien d'autres, Vauvenargues n'a pas de conclusion définitive. Il faut donc le dire, autant son exemple et sa vie donnent une grande idée de la dignité humaine, en nous montrant ce que peut encore pour le bien une âme forte qui ne s'appuie que sur elle, autant sa doctrine, réduite à elle-même, est périlleuse et impuissante à rendre meilleur un homme faible. La main de Vauvenargues est habile et sûre ; des armes aussi légères peuvent lui suffire ; mais au commun des hommes il en faut de plus solides et de plus résistantes. Et puis, comme il ne vise qu'à l'approbation humaine, c'est assez dire qu'il n'a pas le souci du ciel. Cependant, il ne s'agit ici que du temps où il est en pleine possession de la vie ; car, à mesure qu'il sent la mort venir, à mesure que se dérobe sous ses pieds cette terre où il avait placé tous ses intérêts et toutes ses espérances, il se demande, avec calme toutefois, et *sans ce trouble des mourants qui calomnie leur vie,* ce qu'il lui reste à espérer au delà. Les questions ultérieures et suprêmes, il se les est posées ; il n'a pas eu le temps de nous donner sa réponse. Toutefois, ce point n'est pas douteux, Vauvenargues, malgré son hésitation, n'a jamais été irréligieux dans le sens que l'on attache à ce mot, ou, du moins, jamais il n'a pris son parti de ne pas croire ; son esprit est partagé tour à tour entre le doute et la foi ; il ne décide pas la question, il l'ajourne. Quand il vient de lire Fénelon, cette foi humaine et pénétrante n'est pas loin de le gagner ; mais il ouvre Pascal, dont la foi contentieuse et despotique met le cilice à la vie, et Vauvenargues, qui aime la vie, retombe dans ses incertitudes [1].

Je ne reviendrai pas sur les *Maximes,* où il raille les esprits forts, et les met en face de Newton, de Pascal et de Bossuet ; mais, outre le passage du *Discours sur l'Inégalité des richesses,*

[1] La trace de ce combat, on la trouve dans une lettre à son ami Saint-Vincens : « S'il faut parler franchement, lui écrit-il, ce n'est pas seulement « contre la mort qu'on peut tirer des forces de la Foi ; elle nous est d'un « grand secours dans toutes les misères humaines. Il n'y a point de disgrâces

que j'ai cité à un autre titre, et où Vauvenargues se montre si
pénétré du besoin de croire, il faut rappeler la *Méditation sur la
Foi*, et la *Prière* qui la suit. En vain l'on a prétendu que ces deux
morceaux n'étaient qu'un simple exercice oratoire et un jeu d'esprit; Voltaire, qui pouvait en juger mieux que tout autre, puis-
qu'il était plus avant que personne dans l'intimité de Vauvenargues, Voltaire, dont le témoignage est si décisif en pareil cas, ne
s'y est pas trompé; on le voit au chagrin qu'il en éprouve. On
sait que c'est à propos de ces deux pièces qu'il lui fait le seul
reproche qu'il lui ait jamais adressé : « *Vous avez affligé ma phi-*
« *losophie*, lui écrit-il ; *ne peut-on adorer l'Être Suprême, sans*
« *se faire capucin ?* »

Une fois entré dans cette voie nouvelle, où Vauvenargues se
serait-il arrêté? Il n'est donné à personne de le dire; mais, du
moins, ce que nous savons de lui permet d'affirmer qu'il n'eût
jamais donné dans les excès qui suivirent. Et même, ce triste
spectacle de la philosophie qui s'égare aurait bientôt rebuté ce
noble esprit, spiritualiste par essence, et, sans rien céder des
droits de la raison humaine, il se serait réfugié de plus en plus vers
ses maîtres et ses modèles, vers Pascal, Bossuet et Fénelon. A
coup sûr, il se serait séparé, je ne dis pas seulement d'Helvétius
et d'Holbach, mais de Voltaire lui-même : il l'aurait retenu, peut-
être. On peut le dire, la mort de Vauvenargues fut un véritable
malheur pour Voltaire, et il semble que lui-même ait senti, en
ce qui le regardait, toute la grandeur de cette perte, car aucune
ne l'a plus profondément touché. Dans sa douleur même, n'y
a-t-il pas comme un secret pressentiment, et n'est-ce pas sa destinée qui venait l'avertir qu'en effet il perdait là *son bon génie*,
ou, comme il le dit lui-même, *la douce espérance du reste de ses
jours ?* Oui, s'il pouvait être donné à quelqu'un de contenir Vol-

---

« qu'elle n'adoucisse, point de larmes qu'elle n'essuie, point de pertes qu'elle
« ne répare; elle console du mépris, de la pauvreté... » Ici, Fénelon l'attire ;
mais voici Pascal qui le repousse : « Mais cette même Foi, qui est la consola-
« tion des misérables, est le supplice des heureux ; c'est elle qui empoisonne
« leurs plaisirs, qui trouble leur félicité présente, qui leur donne des regrets
« sur le passé et des craintes sur l'avenir; c'est elle, enfin, qui tyrannise leurs
« passions... » (*Lettre inédite.*)

taire, c'était à ce jeune homme, si digne, si imposant, et capable d'inspirer le respect, parce qu'il se respectait lui-même.

Vauvenargues a compté sur le cœur; le cœur lui en a gardé reconnaissance. Sa gloire, il ne l'a pas connue; elle n'a pas été cette ovation bruyante, et sujette parfois à d'amers retours, que composent les voix de tout un peuple, et qui fait le soudain retentissement du nom et des œuvres; elle ressemble à ce murmure de l'estime, plus discret mais plus sûr peut-être, qui, se poursuivant d'âge en âge, récompense les beaux génies inspirés par de belles âmes. Telle sera la part réservée à ce jeune homme attachant entre tous les autres, aimable en sa gravité, à la fois calme et passionné, et qui n'aura pas rêvé en vain l'immortalité; car le moraliste aura laissé une trace profonde, l'écrivain des pages durables, et l'homme un grand exemple de courage et de résignation. La gloire de Vauvenargues, c'est la plus touchante de toutes les gloires : c'est le respect tendre, c'est l'admiration recueillie; on est tenté de dire que c'est l'amitié des bons esprits et des bons cœurs.

IMPRIMERIE MAULDE ET RENOU, RUE DE RIVOLI, 144.

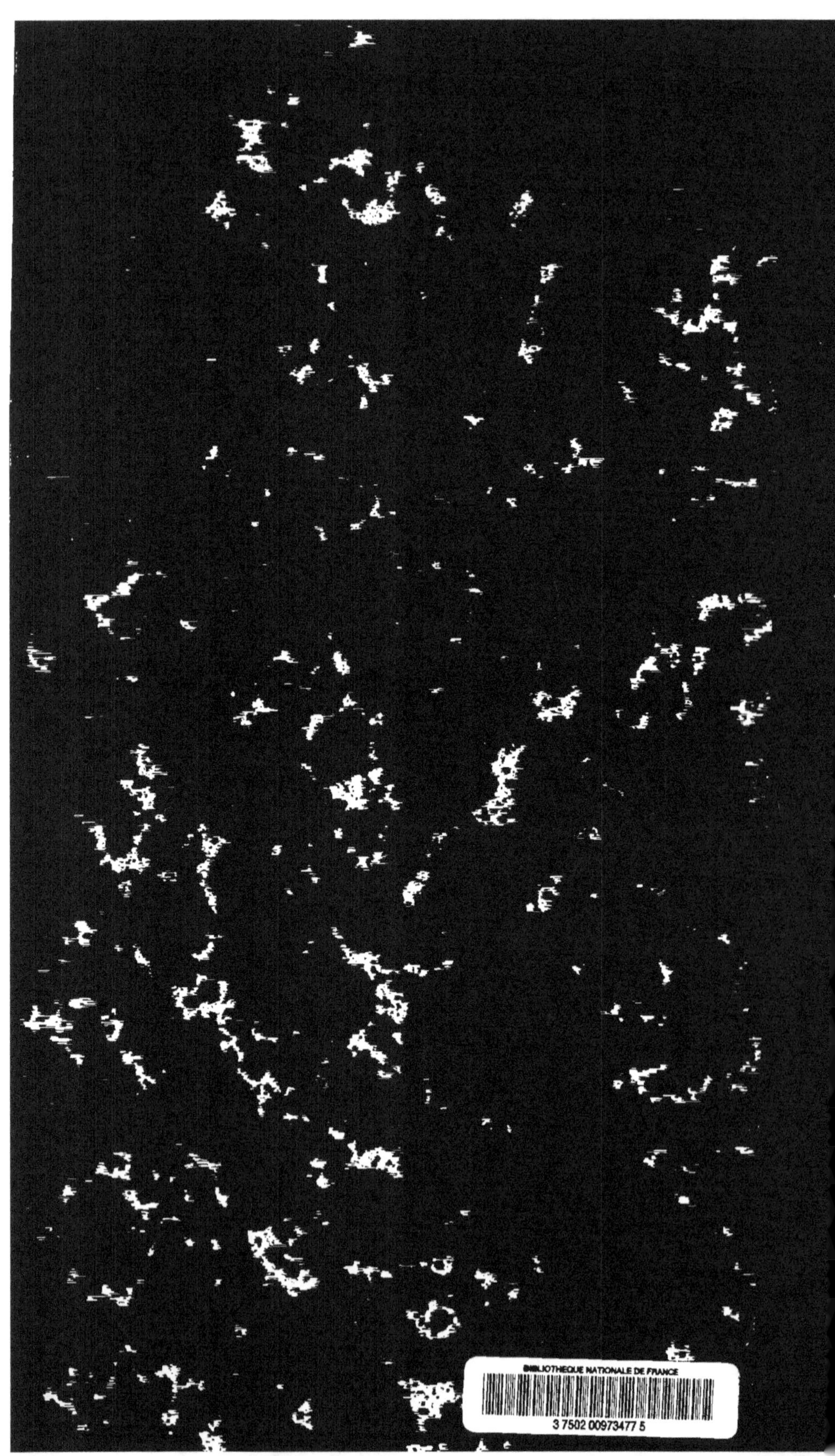